Philippe Fleischlin

Open-Source-Software im Projektmanagement

I0018374

Philippe Fleischlin

Open-Source-Software im Projektmanagement

GRIN Verlag

Bibliografische Information der Deutschen Nationalbibliothek: Die Deutsche Bibliothek
verzeichnet diese Publikation in der Deutschen Nationalbibliografie; detaillierte bibliografische Daten sind im Internet über http://dnb.d-nb.de/ abrufbar.

1. Auflage 2008
Copyright © 2008 GRIN Verlag
http://www.grin.com/
Druck und Bindung: Books on Demand GmbH, Norderstedt Germany
ISBN 978-3-640-12149-6

Vertiefungsarbeit verfasst im Rahmen des Nachdiplomstudiums
"Projektmanagement Praxis"
an der Höheren Fachschule für Wirtschaft Baselland in Reinach

Vertiefungsarbeit

Open-Source-Software im Projektmanagement

Verfasser:

Philippe Fleischlin

Abgabedatum: 31. Mai 2008

Management Summary

Mit der vorliegenden Arbeit zum Thema Open-Source-Software im Bereich Projekt-management versuche ich die elektronischen Unterstützungsmöglichkeiten auf Basis von Open-Source-Software aufzuzeigen.

Unter Berücksichtigung des Lernstoffes meines Nachdiplomstudiums "Projektmanagement-Praxis" und der dabei erlernten Methoden habe ich mir zum Ziel gesetzt, diese Techniken sowohl mittels Softwareunterstützung als auch auf der Basis frei erhältlicher Software zu beurteilen.

Auf dem Markt sind zahlreiche gute, meist sehr umfangreiche Softwareprodukte zum Thema Projektmanagement erhältlich. Diese sind in der Regel kosten- beziehungsweise lizenzpflichtig.

Nicht jederman kann bzw. will sich eine komplette und kostenintensive Softwaresuite leisten, wovon normalerweise sowieso nur ein kleiner Teil des angebotenen Umfanges genutzt wird. Deshalb habe ich primär einige Produkte auf Basis von Open-Source-Software zum Thema Projektmanagement begutachtet.

Meiner Meinung nach kann Softwareunterstüzung im Projektmanagemnt sehr hilfreich sein. Allerdings darf nicht vergessen werden: man muss die angewendeten Techniken verstehen. Nur so kann die gewählte Software eine effiziente Unterstützung bieten.

Inhaltsverzeichnis

1 These

Ein transparentes, attraktives und zielorientiertes Projektmanagement, unter Anwendung elektronischer Unterstützungsmöglichkeiten auf der Basis von Open-Source-Software, erhöht das allgemeine Verständnis, die Faszination, die Effizienz und die Umsetzungsgeschwindigkeit für neue Projekte insgesamt oder zumindest für einzelne Arbeitsschritte.

2 Einleitung

Für die Arbeit mit Projekten steht auf dem Markt eine grosse Anzahl von Open-Source-Software zur Verfügung (Open-Source = nicht lizenzpflichtig).

Diese Untersuchung vermittelt einen Einblick in die Grundbedürfnisse des Anwenders, welche eine solche Software befriedigen sollte. Sie stellt auch die Faktoren dar, auf welche bei der Evaluation eines derartigen Produktes besonders geachtet werden muss.

Der primäre Auftrag für das vorliegende Vertiefungsprojekt besteht im Kennenlernen der einzelnen Schritte und Methoden des Projektmanagements. Diese Abläufe werden im Präsenzunterricht fortlaufend behandelt.

Basierend auf diesen Erkenntnissen kann die angebotene Open-Source-Software anhand konkreter Kriterien analysiert und beurteilt werden.

Als Grundlage zu dieser Arbeit sollen sowohl Recherchen im Internet als auch in der verfügbaren Literatur dienen.

3 Open-Source in der Projektarbeit

3.1 Problemstellung / Ausgangslage

Für das Projektmanagement sind in den letzten Jahren zahlreiche elektronische Hilfsmittel entwickelt worden. Solche Medien werden in der Regel als Software angeboten.

Eine Software wird geschrieben bzw. programmiert und im Anschluss produziert. Der Verkauf wird anschliessend in der Regel mittels oft aufwendiger Werbemassnahmen aktiviert.

Leider bieten nicht alle Programme den erwarteten Erfolg. Man muss auch davon ausgehen, dass vom nomalen Nutzer bei gewissen Produkten oft weniger als ein Drittel der angebotenen Funktionen verwendet wird.

Dies ist eigentlich schade, kosten doch die guten und bedeutenden Produkte relativ viel. Darum darf man es als bedeutende Entwicklung bezeichnen, dass Open-Source Produkte auf dem Markt auftauchen und sich mit den "Grossen" anlegen.

Ein Projektmanager auf der Suche nach einer Management-Anwendung für eine Desktopumgebung, insbesondere für wiederkehrende Themen, wie

- Zielplanung
- Zeit- und Terminplanung
- Personalplanung und Personaleinsatzplanung
- Budgetplanung
- Risikoanalysen
- Ressourcenverwaltung
- Dokumentenverwaltung
- Qualitätssicherung
- Berichterstellung
- Führung von Lasten- und Pflichtenheft
- Notfallplanung
- Projektumfeldanalyse
- Überwachung des Projektfortschritts (Meilensteine, Soll-Ist-Vergleich, etc.)
- Netz- und Strukturpläne
- Kritische Pfade

sollte meiner Meinung nach heute unbedingt auch ein Auge auf die Open-Source-Angebote werfen.

Folgende Themen werden gemäss PM Book (Projekt Management Body of Knowledge) in den 9 Hauptaufgabengruppen eines Projektes behandelt (Project Management Institute, 2004):

- Integrationsmanagement
- Inhalts-und Umfangsmanagement
- Kostenmanagement
- Personalmanagement
- Risikomanagement

- Terminmanagement
- Qualitätsmanagement
- Kommunikationsmanagement
- Beschaffungsmanagement

3.2   Begriffsdefinitionen

3.2.1   Die Geschichte der Software

In den Anfangsjahren der Computertechnologie verkauften Hersteller ihre Systeme inklusive kostenfreier Software. Der Kunde programmierte anschliessend auf dieser Basis selbst weiter. Der Wissensaustausch wurde von den Hardwareherstellern gefördert (Bsp. IBM). Erst in den 70er Jahren wurde Software kommerziell als eigenständige Produkte erstellt und vermarktet. Da aber die meisten Programme nach wie vor kostenfrei und quelloffen zur Verfügung standen, konnten sich proprietäre Produkte nur langsam etablieren. 1975 wurde "Microsoft" gegründet. Anfang der 80er Jahre brachte IBM den ersten PC auf den Markt, nahm das Projekt aber selbst nicht so richtig ernst und kaufte anfänglich Komponenten, wie z. B. Prozessoren und das Betriebssystem von aussen zu.

Mit dem PC und dem Entscheid von IBM, die Spezifikationen der Hardwarearchitektur zu veröffentlichen, begann ein tiefgreifender Wandel in der Computerlandschaft. Der Computer wurde zur Massenware; ein Industriestandard, unabhängig von einzelnen Herstellern und Unternehmen, war geboren.

Da IBM sich sehr früh auf das (zugekaufte) Betriebssystem MS-DOS festlegte und sicherstellte, dass alle Programme, die mit dem IBM-PC ausgeliefert wurden, nur mit diesem Betriebssystem funktionierten, dominierte MS-DOS innert kürzester Zeit den Markt und verdrängte das technisch bessere CP/M, das bis dahin überwiegend auf den "kleinen" Maschinen installiert war.

Ab dann entstand auch das Zeitalter der "Software aus der Schachtel". Massgefertigte Software für spezielle Anwendungs- und Aufgabenstellungen, erstellt von externen Dienstleistern und Firmen, verkauft über reine Vertriebsgesellschaften.

"Software" wurde zu einem Produkt, einem Endprodukt. Sie war nur noch für den bestimmten Anwendungsfall zu gebrauchen und bedurfte spezieller Strukturen, damit sie funktionierte. Der Kunde/Nutzer konnte keine Änderungen mehr selbst vornehmen, auch konnte er keine individuellen Anpassungen mehr hinein programmieren. Dadurch kann er diese Software nur noch nutzen und sich darauf verlassen, dass der Hersteller diese nach seinen Bedürfnissen und Vorstellungen funktionstüchtig erstellt hat. (Krumbein, 2005)

3.2.2 Open-Source

"Ich denke, dass jede allgemein nützliche Information frei sein sollte. Mit >frei< beziehe ich mich nicht auf den Preis, sondern auf die Freiheit, Informationen zu kopieren und für die eigenen Zwecke anpassen zu können. Wenn Informationen allgemein nützlich sind, wird die Menschheit durch ihre Verbreitung wieder reicher, ganz egal, wer sie weitergibt und wer sie erhält." (Stallmann, 1999)

Es wäre zu einfach und eigentlich auch falsch zu sagen: "Freie Software ist kostenlose Software", auch wenn Software häufig tatsächlich ohne Kosten bezogen werden kann. Der Begriff "freie Software" wird viel weiter gefasst und interpretiert.

Falsch ist auch die Annahme, freie Software würde niemanden gehören, sei also quasi "frei". Auch freie Software "gehört" dem Urheber, mit allen Rechten und Pflichten. Nur er kann ursächlich bestimmen, was mit seinem Produkt geschieht.

Dies ist auch der Grund, warum aus dem englischen "free software" 1998 der Begriff "Open-Source" wurde und sich dieser Begriff heute durchgesetzt hat.

Der Ausdruck "Open-Source" (was wörtlich übersetzt "offene Quelle" heisst) grenzt sich insofern leicht vom Begriff "free software" (freie Software) ab, als dass er nicht nur die vermeintliche oder tatsächliche Zweideutigkeit der Wortkombination mit "free" umgeht. ("Free", kostenlos, umsonst wird auch in Zusammenhang mit materiellen Gegenständen wie "Freibier" etc. verwendet.) Dies sowohl im übertragenen Sinn im ideellen Bereich für "freies Denken", "freie Rede" und so weiter –, als auch dass es einen wesentlicheren Aspekt der "freien Software" stärker betont: den offenen Quellcode.

Der Begriff "Open-Source-Software" wird übersetzt und synonym genutzt als "freie Software".

Nun ist die Quelloffenheit allerdings eine notwendige, nicht aber hinreichende Voraussetzung für freie Software. Man denke zum Beispiel an die Möglichkeit, den Quellcode einer Software zwar einsehen zu können, aber keine Veränderungen daran vornehmen zu dürfen. Dies würde dem Gedanken hinter dem Begriff "Open-Source" nicht gerecht.

Heute definiert man vier Eigenschaften, der freie Software genügen muss, um als solche benannt zu werden:

1.   Die Software darf *ohne Einschränkungen benutzt* werden.

2.   Der *Quellcode* freier Software *ist verfügbar.* Er darf zitiert und aus ihm darf gelernt werden.

3.   Sie darf *ohne Einschränkungen und ohne Zahlungsverpflichtungen kopiert und weitergegeben* werden.

4.   Sie darf *verändert und in veränderter Form weitergegeben* werden.

Erst diese Definition der Merkmale schaffte auch die Umgebung und Voraussetzungen, freie Softwareprojekte auf der Basis einer offenen, kooperativen Entwicklung und unter starker Beteiligung der Anwender zu realisieren. In diesen Projekten sind die beteiligten Entwickler in der Regel nicht auf der Basis von Verträgen (im Sinne von Arbeitsvertrag) gebunden und somit auch frei von Direktiven. Ein solcher Prozess wird natürlich auch durch die starke Verbreitung des Internets gefördert, da dadurch auch die räumliche Nähe der Beteiligten keine notwendige Beschränkung mehr darstellt. (Krumbein, 2005)

3.2.3 Software

Begriff	Eigenschaften, Merkmale
Freie Software Open-Source	• Quellcode einsehbar • Quellcode veränderbar • Lizenzkostenfrei, beliebig nutzbar • Beliebig verteilbar
Freeware	• Quellcode nicht einsehbar • Quellcode nicht veränderbar • Lizenzkostenfrei nutzbar, teilweise mit Einschränkungen • Beliebig verteilbar
Shareware	• Quellcode nicht einsehbar • Quellcode nicht veränderbar • Lizenzkostenpflichtig pro Installation, oft kostenfreie Testphase, zeitlich limitiert • Beliebig verteilbar
Proprietäre Software	• Quellcode nicht einsehbar • Quellcode nicht veränderbar • Lizenzkostenpflichtig pro Installation • Nicht verteilbar

Tabelle 1: Softwarebegriffe

Bei der Definition und der Abgrenzung von freier Software spielt der Quellcode offensichtlich eine entscheidende Rolle. Dieser Code muss verfügbar sein.

Unter dem Begriff Quellcode oder Programmcode versteht man in der Informatik den für Menschen lesbaren, in einer Programmiersprache geschriebenen Text eines Computerprogramms. Abstrahiert kann der Quelltext eines Computerprogramms auch als Softwaredokument bezeichnet werden. Es beschreibt das Programm formal so exakt und so vollständig, dass dieses daraus vom Computer vollständig automatisch generiert werden kann. (Krumbein, 2005)

3.2.4 Begriffe im Bereich Projektmanagement

Projekt

Ein Projekt ist ein zeitlich begrenztes Vorhaben zur Schaffung eines einmaligen Produktes, einer Dienstleistung oder eines Ergebnisses. (Project Management Institute, 2004)

Gantt-Diagramm / Balkendiagramm

Ein Gantt-Diagramm oder Balkenplan ist ein nach dem Unternehmensberater Henry L. Gantt (1861–1919) benanntes Instrument des Projektmanagements, das die zeitliche Abfolge von Aktivitäten grafisch in Form von Balken auf einer Zeitachse darstellt.

Im Unterschied zum Netzplan ist im Gantt-Diagramm die Dauer der Aktivitäten deutlich sichtbar. Ein Nachteil des Gantt-Diagramms besteht allerdings darin, dass die Abhängigkeiten zwischen Aktivitäten nur eingeschränkt darstellbar sind. Dies ist wiederum die Stärke des Netzplans. (Wikipedia die freie Enzyklopädie, 2008)

Für die Struktur von Arbeitspaketen, untergeordneten Arbeitspaketen und zugehörigen Aktivitäten wird im Gantt-Diagramm eine Darstellung der Hierarchie meist durch Einrückung gewählt (s. a. Projektstrukturplanung, Aktivitätenplanung). Der Algorithmus für die Berechnung der Start- und Ende-Termine ist aus der Netzplantechnik übernommen. (Informatik Forum, 2008)

Kritischer Pfad

Die Methode des kritischen Pfades (auch *Tätigkeits-Pfeil-Darstellung* genannt; englisch *critical path method*, CPM) repräsentiert die Vorgangpfeil-Netzpläne, als eine spezielle Netzplantechnik. Sie wurde 1956/57 vom amerikanischen Chemiekonzern DuPont de Nemours in Zusammenarbeit mit den ADV-Spezialisten Remington Rand Corp. entwickelt und auf einer UNIVAC I implementiert, um grosse Investitionsvorhaben sowie Instandhaltungsarbeiten bei Chemieanlagen systematisch zu planen und zu überwachen. (Wikipedia die frei Enzyklopädie, 2008)

Mind Map

Eine Mind Map (auch *Gedankenkarte*) ist eine grafische Darstellung, die Beziehungen zwischen verschiedenen Begriffen aufzeigt. Mind Maps sind eng verwandt mit den Ontologie-Editoren semantischer Netze und Concept-Maps. Der Begriff der Mind Map wurde in den 1960er Jahren von Tony Buzan für eine bestimmte Form dieser Darstellung eingeführt. Nach dem Konzept des Mind Mappings sollen beide Gehirnhälften angeregt werden, was Vorteile sowohl beim Erfassen als auch beim Erinnern komplexer Sachverhalte habe.

Mind Maps enthalten das zu bearbeitende zentrale Thema in der Mitte des Blattes. Es wird möglichst genau formuliert und/oder als Bild dargestellt. Nach aussen sind verschiedene Hauptäste (Hauptkapitel) mit weiteren Unterästen (Unterkapitel), die die dazugehörenden Informationen ranggerecht darstellen. Auf den Ästen steht immer nur ein Wort (Schlüsselwort). Bei der Erstellung sollen/können Farben und Bilder benutzt werden, um der kreativen Arbeitsweise des Gehirns gerecht zu werden und um die Mind Map schneller lesen und überblicken zu können. (Wikipedia die freie Enzyklopädie, 2008)

Netzplan

Gemäss DIN 69900-1 ist der Netzplan eine "graphische oder tabellarische Darstellung von Abläufen und deren Abhängigkeiten". Insofern sind auch Balkendiagramm oder Vorgangstabellen Netzpläne. Im allgemeinen werden aber nur Darstellungen nach DIN 69900-2 als Netzplan bezeichnet. (Projekt Magazin, 2008)

PERT-Diagramm

PERT-Diagramme stammen aus der Netzplantechnik. Man versucht damit, Abhängigkeiten im zeitlichen Ablauf von Projekten darzustellen. Insbesondere geht es darum, den so genannten kritischen Pfad darzustellen. (Wikipedia die frei Enzyklopädie, 2008)

Projektstrukturplan

Die Projektstrukturierung (Projektstrukturplanung) als Element im Vorgehensmodell "Projektmanagement" stellt Gruppen aufwandsrelevanter Aktivitäten, die für den Erfolg im Projekt (Erreichung der Ziele) notwendig sind, als Arbeitspakete in einem Projekt-Struktur-Plan (PSP) dar. Dabei hat dieser Plan im Allgemeinen einen hierarchischen Aufbau.

Durch den Projektstrukturplan wird im Projektmanagement der Leistungs- und der Lieferumfang für alle Produktkomponenten erfasst und je einzelnes Arbeitspaket abgegrenzt. Der Aufbau erfolgt rein inhaltlich, eine zeitliche Reihenfolge wird noch nicht im Plan berücksichtigt. (Informatik Forum, 2008)

Ressourcenplan

Ein weiterer wesentlicher Teil einer Projektdetailplanung ist die Kosten- und Ressourcenplanung. Aufbauend auf dem Projektstrukturplan und dem Termin- und Meilensteinplan werden die zur Erledigung notwendigen Kosten und Ressourcen geplant.

Im Unterschied zu der Vorprojektphase wird die Kostenschätzung in der Planungsphase aber detaillierter und auf der Basis tatsächlich geplanter Arbeitspakete (aus dem PSP) vollzogen. (Projektmanagement Handbuch, 2008)

3.2.5 Lizenz

Allgemein ist eine Lizenz (v. lat.: *licere* = erlaubt sein; PPA: *licens* = frei) eine Erlaubnis, Dinge zu tun, die ohne diese verboten sind.

Eine sehr grosse Rolle spielen Lizenzverträge in Industrie und Handel, um Dritten ein Nutzungsrecht an gewerblichen Schutzrechten (Patente, Gebrauchsmuster, eingetragene Marken) unter definierten Bedingungen einzuräumen. (Wikipedia die freie Enzyklopädie, 2008)

3.2.6 GNU-Projekt

Das GNU-Projekt wurde von Richard Stallman mit dem Ziel gegründet, ein vollständig freies Betriebssystem, genannt GNU ("GNU is not Unix"), zu entwickeln. Bekannt geworden ist das Projekt vor allen Dingen auch durch die von ihm eingeführte GNU General Public License (GPL), unter der viele bekannte Softwareprojekte veröffentlicht werden. (Wikipedia die freie Enzyklopädie, 2008)

Die im GNU-Projekt veröffentlichte Software wurde damals unter jeweils eigene Lizenzen gestellt, welche die entsprechenden Freiheiten gewährten. Für das Prinzip einer Lizenz, welche die Pflicht zur Offenheit explizit einbaut, nutzte Stallman den Begriff Copyleft, den Don Hopkins Mitte der 80er Jahre ihm gegenüber in einem Brief erwähnte. Später entschloss sich Stallman, eine einheitliche Lizenz zu schaffen, unter der alle Software veröffentlicht werden konnte. Er entwarf daher mit Hilfe von Jerry Cohen die GNU General Public License, welche im Kern vier Freiheiten umfasst: Die Freiheit, das Programm für jeden Zweck zu nutzen, Kopien kostenlos zu verteilen, die Arbeitsweise des Programms zu studieren und das Programm eigenen Bedürfnissen anzupassen.

3.2.7 Free Software Foundation (FSF)

Um dem GNU-Projekt einen logistischen, juristischen und finanziellen Rahmen zu geben, gründete Stallman 1985 die gemeinnützige Free Software Foundation (FSF). Die FSF beschäftigt auch Programmierer, um an GNU zu arbeiten, obwohl der wesentliche Teil der Arbeit von Freiwilligen geleistet wird. Als GNU bekannter wurde, begannen Firmen daran mitzuarbeiten. Sie entwickelten Programme, die sie unter der GPL veröffentlichten, begannen CDs mit Software zu verkaufen und Dienstleistungen rund um das System anzubieten. Eine der bekanntesten Firmen der früheren Zeit des Projekts war Cygnus Solutions. (Wikipedia die freie Enzyklopädy, 2008)

Nicht verwechseln darf man aber die Freiheit der Information und die daraus abgeleitete Offenheit des Quellcodes mit dem Verzicht auf Eigentum des Gutes. Auch "Open-Source" bzw. "freie Software" ist nicht frei von Eigentum, sie gehört nicht "niemanden" und wäre somit rechtsfrei. Selbstverständlich bleiben die Urheberrechte der Autoren bestehen, und nur diese selbst können bestimmen, wie Ihre Code-Teile verwendet und weiterverarbeitet werden. Damit dieses aber praktikabel wird, gibt es bestimmte Regeln, die in Open-Source-Projekten gelten und Lizenzbedingungen, die von jedem Autor übernommen werden.

3.3 Ist-Sollvergleich, Problemanalyse

Heutzutage wird den Mitarbeitern vom Arbeitgeber in der Regel eine umfangreiche Softwarepalette zur Verfügung gestellt. Häufig handelt es sich dabei um Produkte von Microsoft.
Müsste ein einzelner Projektleiter alle diese Software kaufen, wäre dies mit erheblichen Kosten verbunden. Solche Produkte sind ausserdem häufig sehr komplex aufgebaut, und ihre Bedienung ist nicht immer einfach. Weiter ist Tatsache, dass der Anwender dieser Produkte meist nur einen kleinen Teil der angebotenen Funktionen nutzt. In unserem Lehrgang wurden uns zahlreiche Werkzeuge vermittelt, welche geeignet sind, in der Projektarbeit eingesetzt zu werden. Diese Methoden können grundsätzlich von Hand ausgeführt werden. Auf dem Markt existieren aber auch zahlreiche Softwareprodukte, welche hierzu Unterstützung bieten.

Bei differenzierter Suche im Internet findet man unter dem Titel Open-Source zahlreiche Produkte, welche genau diesen Zweck erfüllen und frei verfügbar sind.

Die folgende Tabelle enthält in der linken Spalte eine nicht abschliessende Auflistung von möglichen Arbeiten beziehungsweise Themen. In der rechte Spalte sind geeignete Hilfsmittel für diese Arbeiten enthalten.

Katalog möglicher Arbeiten:	Geeignete Hilfsmittel (Produkte):
• Schreibarbeiten	• Openoffice Writer
• Tabelle / Kalkulation	• Openoffice Calc
• Präsentation	• Openoffice Impress
• Grafik	• Openoffice Draw
• PDF erstellen	• PDF Creater • in Openoffice enthaltene Funktion
• Termine planen	• doodle
• Zeitplan	• Openoffice Calc, Open Workbench, OpenProj
• Netzplan	• Open Workbench, Gantt-Projekt, OpenProj
• Gant Plan	• Open Workbench, OpenProj
• Kostenüberwachung	• Openoffice Calc, Open Workbench, OpenProj
• Ressourcenplan	• Openoffice Calc, Open Workbench, OpenProj
• Mind Map	• freemind
• Pozesse	• dia

Tabelle 2: Geeignete Hilfsmittel (Produkte)

Auf den folgenden Seiten werden einige dieser Hilfsmittel näher beschrieben.

3.3.1 Dia

Mit dem Programm Dia lassen sich Abläufe graphisch aufgezeichnen beziehungsweise veranschaulichen. Dies kann in einem Ablaufschema oder Prinzipschema geschehen. Strukturen können sichtbar gemacht und Planungen verdeutlicht werden.

Eine Anzahl fertiger Symbole aus Kartographie, Elektronik und Logik lassen sich mit Grafiken kombinieren, um professionelle Diagramme zu erzeugen.

Aktuelle Version:	0.96.1-7
Download und Informationen:	http://dia-installer.de/index_en.html
Sprache:	englisch

3.3.2 Doodle

Mit Doodle lassen sich auf einfache Weise für mehrere Leute gemeinsame Termine finden.

Leicht verständliche Umfragen mit Terminvorschlägen können problemlos erstellt werden. Der Link zu diesen Umfragen wird allen Betroffenen per Email zugestellt. Jeder Empfänger trägt anschliessend seinen Namen ein und bestätigt gleichzeitig seine zeitliche Verfügbarkeit. Der aktuelle Status sämtlicher Teilnehmer ist allen sofort ersichtlich.

Doodle ist webbasierend und benötigt keine Registrierung.

Aktuelle Version:	webbasierend
Download und Informationen:	http://www.doodle.ch/main.html
Sprache:	deutsch

3.3.3 Gantt-Projekt

Bei Gantt-Projekt handelt es sich um eine einfache und problemlos bedienbare Projektmanagement-Software. Die einzelnen Aufgaben eines Projekts lassen sich hierarchisch mit Abhängigkeiten erfassen. Damit die Übersicht gewahrt bleibt, werden die einzelnen Etappen in einem sogenannten Gantt-Diagramm veranschaulicht, welches die zeitliche Abfolge der Aktivitäten als Balken darstellt. Die Diagramme lassen sich einfach und unkompliziert den eigenen Wünschen entspreched anpassen, und eine Export-Funktion erlaubt die Ausgabe im JPEG-Format. Dazu wird auch ein Export im HTML-Format zur Verfügung gestellt. Die Ressourcen (d.h. die Projektmitarbeiter) werden in einer separaten Ansicht erfasst, wobei auch hier deren Einsätze als Diagramme dargestellt werden. Die Software erfordert eine installierte Java Runtime Umgebung.

Aktuelle Version:	2.0.6
Download und Informationen:	http://ganttproject.biz/
Sprache:	englisch

3.3.4 Mind Map / Freemind

Kreatives sollte im Laufe eines Projektes durch Konkretes abgelöst werden. Der Projektmanager ist dabei gefordert, die hohe Komplexität in kleine, überschaubare Arbeitspakete überzuführen.

Eine komplexe und möglicherweise künstlerisch wertvolle Mind Map ist trotz allem nur eine Momentaufnahme zum aktuellen Zeitpunkt seiner Erstellung.

Freemind ist ein bemerkenswertes, javabasiertes, intuitives, ausgereiftes und leicht einzusetzendes Werkzeug zur komfortablen Erstellung von Mind Maps aller Art mit sämtlichen notwendigen Funktionen. Nicht zu unterschätzen ist hier die Dateigrösse von 10 MB.

Aktuelle Version: 0.9.0. beta 16

Download und Informationen: http://freemind.sourceforge.net/wiki/index.php/Main_Page

Sprache: englisch

3.3.5 Open Office

OpenOffice.org ist ein offenes, plattformunabhängiges Office-Paket. Die Anwenderoberfläche und Funktionalitäten ähneln denen anderer Produkte auf dem Markt wie zum Beispiel Microsoft Office.

In diesem Softwarepaket ist ein Writer (Schreibprogramm), Calc (Tabellenkalkulationsprogramm), Impress (Multimediaprogramm für Präsentationen), Draw (Zeichenprogramm), Base (Datenbankmodul) enthalten und noch weitere zusätzliche Applikationen enthalten.

.

Aktuelle Version: 2.4.0

Download und Informationen: http://www.openoffice.org/

Sprache: englisch / deutsch

3.3.6 Openproj

Als Java-Applikation läuft OpenProj auf allen gängigen Betriebssystemen (Windows, Mac OS X, Linux). Die Benutzeroberfläche ist sehr stark an MS Project angelehnt. Auch können bestehende Dateien im MS-Project-Format mit OpenProj bearbeitet werden.

OpenProj wird auf Basis von Open-Source zur Verfügung gestellt. Wer Wert auf mehr Funktionalitäten einer Mehrplatzversion legt, wird wohl auf den kostenpflichtigen Bruder von OpenProj wechseln müssen.

Aktuelle Version: 1.0

Download und Informationen: http://openproj.org/

Sprache: englisch / deutsch

3.3.7 Open Workbench

Open Workbench gestattet die meisten Arbeitsschritte ähnlich wie mit MS Projekt abzuwickeln. Aktivitäten, Aufgaben und Meilensteine können unterteilt werden. Diesen wiederum lassen sich anschliessend die erforderlichen Ressourcen zuordnen.

Die Handhabung dieses Produktes ist auf den ersten Blick nicht ganz einfach. Wer sich aber zuvor mit den Grundlagen des Projekmanagements auseinadersetzt und dessen Grundbegriffe versteht, wird hier rasch fündig.

Mit dieser Software lassen sich auch mehrere Projekte gleichzeitig verwalten.

Aktuelle Version:	1.1.6
Download und Informationen:	http://www.openworkbench.org/
Sprache:	englisch, deutsches Sprachfile vorhanden

3.3.8 PDF Creator

Mittels dem PDF Creator lassen sich in einfacher Art und Weise PDF-Dokumente aus jeder Anwendung erstellen. Als Basis wird Ghostscript als Druckertreiber verwendet.

Aktuelle Version:	v0.9.5
Download und Informationen:	http://www.pdfforg.org/
Sprache:	englisch

3.3.9 Weitere Software

Nachfolgend einige weitere Softwareprodukte auf der Basis von Open-Source. Diese werden jedoch in der Folge nicht näher beschrieben:

Produkt	Internetadresse
• CoP.Track	http://www.s-m-c.de/de/cop/downloads.php
• dotProject	http://www.dotproject.net
• faces	http://faces.homeip.net/
• in-Step Personal Edition	http://www.microTOOL.de/in-Step/
• PHProjekt	http://www.phprojekt.com/index.php?newlang=deu
• Project Open	http://www.project-open.com/

Tabelle 3: Weitere Open-Source-Produkte

3.4 Zwingende Open-Source-Produktanforderungen

- Einfache Bedienung
  (Die Bedienung solcher Software muss möglichst einfach, für den Laien verständlich und selbsterklärend sein.)

- Kompatibilität zu anderen Produkten
  (Die Kompatibilität zu anderen Open-Source und kosten-/lizenzpflichtigen Anwendungen muss gewährleistet sein.)

- Schnittstellen wie Import / Export
  (Eine genormte Schnittstelle für den Datenaustausch muss vorhanden sein.)

- Generieren von Berichten
  (Das Erstellen aussagekräftiger Bericht jeglicher Art auf einfache Art muss gewährleistet sein.)

- Ressourcenplanung
  (Für die Planung von Personen- und Kosten-Ressourcen müssen Möglichkeiten angeboten werden.)

- Updatefähigkeit
  (Das Produkt muss ohne die Notwendigkeit einer teilweisen oder kompletten Neuinstallation updatebar sein.)

- Community / Userforen für Support
  (Aktive Foren dieser Produkte müssen im Internet vorhanden und für alle Anwender benutzbar sein.)

- Beschränkung auf die wesentlichen Funktionen
  (Der Umfang der Software muss sich auf die wesentlichen Bedürfnisse der potenziellen Anwender beschränken.)

- Einfache Bedienung
  (Die Bedienung solcher Software muss möglichst einfach, für den Laien verständlich und selbsterklärend sein.)

- Kompatibilität zu anderen Produkten
  (Die Kompatibilität zu anderen Open-Source und kosten-/lizenzpflichtigen Anwendungen muss gewährleistet sein.)

- Schnittstellen wie Import / Export
  (Eine genormte Schnittstelle für den Datenaustausch muss vorhanden sein.)

- Generieren von Berichten
  (Das Erstellen aussagekräftiger Bericht jeglicher Art auf einfache Art muss gewährleistet sein.)

- Ressourcenplanung
  (Für die Planung von Personen- und Kosten-Ressourcen müssen Möglichkeiten angeboten werden.)

- Updatefähigkeit
  (Das Produkt muss ohne die Notwendigkeit einer teilweisen oder kompletten Neuinstallation updatebar sein.)

- Community / Userforen für Support
  (Aktive Foren dieser Produkte müssen im Internet vorhanden und für alle Anwender benutzbar sein.)

- Beschränkung auf die wesentlichen Funktionen
  (Der Umfang der Software muss sich auf die wesentlichen Bedürfnisse der potenziellen Anwender beschränken.)

3.5 Systemanforderungen

3.5.1 Softwareanforderungen für Betriebssystem

Die oben erwähnten Softwareprodukte wurden von mir auf der Basis von Windows XP mit SP2 als Betriebssystem und den aktuellen Sicherheitsbatches beurteilt (Stand 25. April 2008).

Die meisten Applikationen erfordern ein Java-Runtime-Environment, um Java-Programme und -Applets abspielen zu können (meistens im Webbrowser).

Die Mehrheit dieser Open-Source-Applikationen sind auf Windows XP lauffähig. Daneben wird aber in der Regel auch eine Version für Linux oder MacOS angeboten.

3.5.2 Hardwareanforderungen für Betriebssystem

Heutzutage ist das Problem der Hardwareanforderung nicht mehr so relevant. Man bewegt sich bei den angebotenen Geräten in fast überdimensinierten Gebilden. Dies nutzen auch die Programmierer.

Am Anfang der Computerentwicklung war es zwingend, eine Anwendung möglichst schlank und ohne Ballast anzubieten. Dieser Grundsatz gilt heute leider nicht mehr. So werden beispielsweise in den angebotenen Programmen immer mehr Zusatzfunktionen eingebaut, welche mit dem eigentlichen Produkt nichts Wesentliches mehr zu tun haben. Fast könnte man daraus schliessen, die Softwareindustrie arbeite mit der Hardwareindustrie Hand in Hand: je umfangreicher die Software, desto grösser und schneller die benötigte Hardware.

Weil man bei der Programmierung von Open-Source-Produkten auf eine möglichst schlanke "Bauform" achtet, ist es auch nicht weiter verwunderlich, dass diese selbst auf "älteren" oder "langsameren" Geräten in der Regel sehr gut und stabil funktionieren.

Dies bestätigt sich auch in der Praxis. Open-Source-Software ist nicht nur im privaten Sektor am wachsen. Auch in grösseren und kleineren Betrieben finden solche Produkte zunehemend Verwendung. Die "freie" Software ist grundsätzlich stabil und vollständig betriebsfähig.

Meine eigene Erfahrung bestätigt, dass vor der Wahl einer Open-Source- oder einer lizenzpflichtigen Software die Benutzerfreundlichkeit und die Tauglichkeit sämtlicher in Frage kommender Produkte geprüft und verglichen werden müssen

3.6 Rahmenbedingungen

3.6.1 Support und Sicherheit

Die Hersteller einer lizenzpflichtigen Software bieten meistens einen geregelten Support an. Sie prüfen die Funktionalitäten ihres Produkts auf der Basis der handelsüblichen Betriebssysteme. Tritt beispielsweise nach einem Windows-Update ein Problem auf, kann vom Hersteller dieser Software Unterstützung angefordert werden.

Keinen Support gibt es bei der Open-Source-Software. Weil der Quellcode frei zugänglich ist, können aufgetretene Probleme von jedem Anwender selbst korrigiert werden. Diese Erfahrungen lassen sich im Internet veröffentlichen bzw. dort abrufen. Die Aktualisierung und Fehlerbehebung lebt somit von der Anwendergemeinde.

Fazit aus eigener Erfahrung:

Ist eine Open-Source-Software auf einem System installiert, läuft diese meistens einwandfrei.

Doch um einen ausreichenden Schuz vor Schädlingen aus dem Internet (Viren / Würmer) zu gewähren, sind die Softwareanbieter aufgerufen, ihre Produkte fortwährend anzupassen. Es werden laufend Updates erzeugt und freigegeben, welche vom Anwender eingespielt werden sollten. An sich wäre damit dann das Betriebssystem oder die Applikation wieder auf dem aktuellen Stand.

Dabei kann es durchaus vorkommen, dass gewisse Konfigurations- oder Einstellungsdateien einer Applikation nicht mehr funktionieren oder dass gewisse Dateien nicht mehr lesbar werden und das Programm dadurch nicht mehr verwendungsfähig ist.

3.6.2 Kosten / Nutzen

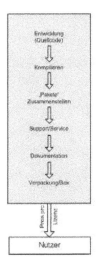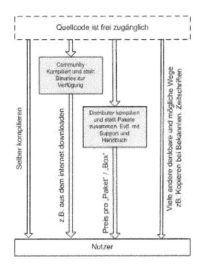

Abbildung 1: Wege der Software zum Nutzer

"Freie Software" ist keineswegs per Definition "kostenlos". Sie ist lediglich – aber dies ist ein entscheidender Vorteil – lizenzkostenfrei. Dies bedeutet, dass man für die Nutzung der Software in keinem Fall Lizenzkosten zu bezahlen hat, dass man die Software verwenden kann wie und wo man will und dass man sie kopieren, verteilen und auf verschiedenen Computer installieren darf. (Gallileo Computing, 2008)

Die Annahme, dass durch Open-Source Kosten eingespart werden können, trifft gerade wegen der entfallenden Lizenzkosten vollumfänglich zu.

Auf der anderen Seite ist aber der Aufwand für die Plaung und die Installation der einzelnen Komponenten erheblich grösser.

Dies heisst, dass unter dem Strich in etwa die gleichen Kosten anfallen dürften, wenn anstelle von lizenzpflichtiger Software Open-Source-Produkte eingesetzt werden.

Open-Source ist auf jeden Fall eine faire und äusserst positive Alternative zu den weit verbreiteten Raubkopien der „Monopolisten".

Für den Download von Open-Source-Software ist meistens nur ein Account bzw. eine Registrierung beim Hersteller notwendig. Hat man einmal dieses Login, kann man auch weitere Dienstleistungen, wie Dokumentationen und Hotfixes etc. beziehen.

3.6.3 Zielgruppen

* KMU (Informatiksupport von extern gewährleistet)
  Die Systeme müssen problemlos funktionieren.

* Grosse Unternehemen (interne Infomatikabteilung)
  Die Software muss funktionieren und mit sämtlichen anderen Applikationen kompatibel sein.
  Kosten spielen hier eine sekundäre Rolle. Entscheidend für die Auswahl der Produkte (Hard- und Software) ist die Ausfallsicherheit.

* Projektleiter
  Er muss seine Projekte überblicken können. Software muss zweckdienlich sein.

* Normaler User
  Er hat kein Interesse, kosten- und lizenzpflichtige Software zu kaufen. Benötigt keinen grossen Funktionsumfang.

Anhand dieser Rahmenbedingungen lassen sich die typischen Zielgruppen für Open-Source-Software – sowohl aus Sicht des Marketings, als auch aus nutzenorientierten Überlegungen – klar identifizieren. Letztendlich hängt der "Erfolg" eines freien Softwareprojektes aber eben doch vom Markterfolg, von der Verbreitung und Nutzung der Software und damit von der Grösse der Anwender-Community ab.

Das Internet ist voll von freien Softwareprojekten, die irgendwann von engagierten Entwicklern begonnen wurden aber nie einen stabilen Release-Stand erreichen konnten. Es quillt über von Programmen deren Weiterentwicklung seit Jahren stagniert, deren Informationen auf einem meist mehrere Jahre zurückliegenden Stand verharren und die darum – in unserer schnelllebigen Technikzeit – längst überholt und meist auch nicht mehr funktionstüchtig sind.

Werden Open-Source-Projekte nicht intensiv genutzt, stirbt die Dynamik ihrer Entwicklungsprozesse. Dies bedeutet, dass der Nutzergruppe eine weit grössere Bedeutung zukommt als ursprünglich von den Schöpfern der freien Software angenommen worden war. Open-Source-Programme müssen nutzertauglich, einfach installierbar sowie bedienbar und der Support muss gewährleistet sein.

Weil jede Nutzergruppe unterschiedliche Anforderungen stellt, stösst Open-Source-Software bei diesen Gruppen auch auf unterschiedliches Interesse.

Grundsätzlich gilt, dass "freie Software" für erfahrene Computeranwender immer sehr interessant ist. Diese Personengruppe zeichnet sich nämlich dadurch aus, dass sie sowohl in der Lage als auch willens ist, die von ihr benutzten Programme optimal anzupassen und Schwachstellen oder Fehler selbst nachzubessern bzw. zu beheben. Solche Anwender sehen in proprietären Softwareprodukten meist nur Schranken, Barrieren und verbotene Zonen. Sie sind oft in Administrationsbereichen von (grösseren) Unternehmensnetzwerken zu finden. Sie werden in der Regel dann mit Open-Source-Software arbeiten, wenn diese für sie eine Arbeitserleichterung darstellt und die erforderlichen bzw. gewünschten Anpassungen möglich und selbst durchführbar sind.

Für alle anderen Gruppen wird Open-Source-Software dann interessant, wenn Informationen darüber vorliegen, wenn die Funktionalität der Programme stimmt und wenn entsprechende Serviceleistungen (Support, Literatur, Sicherheit etc.) angeboten werden.

3.6.4 Praxisrelevanz

Laut einer Studie des Deutschen Instituts für Wirtschaftsforschung (Pro Linux, 2006) setzt sich Open-Source- und quelloffene Software (OSS) zunehmend durch. Dabei nehmen Unternehmen aus Polen, der Tschechischen Republik und Ungarn eine Vorreiterrolle ein.

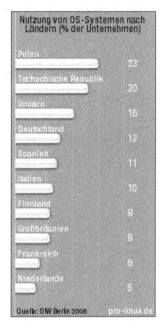

Wie das Institut in einer Erhebung herausgefunden haben will, hängen die Beweggründe für den Einsatz von Open-Source mit der firmeninternen IT-Entwicklung, dem Fachwissen in diesem Bereich und auch mit der Unternehmensgrösse zusammen. Die Analysten wollen auch erkannt haben, dass vor allem diejenigen Unternehmen zum Einsatz von OSS neigen, die hohe Anforderungen hinsichtlich offener Standards sowie interner und externer Systeminteroperabilität zu erfüllen haben. "Firmen, die OSS anwenden, können von den massgeschneiderten Lösungen profitieren und ihre Wettbewerbsvorteile ausbauen", stellt das Institut fest.

Der Erhebung zufolge ist die Verbreitung von OSS in den EU-Ländern allerdings immer noch in der Anfangsphase. Die Daten zeigen, dass nur 9% aller Unternehmen OS-Betriebssysteme und 7% OS-Datenbanksysteme benutzen. Auch der Einsatz von OS-Internetbrowsern hinkt Microsofts IE hinterher. Laut DIW nutzen 15% der befragten Unternehmen Browser wie Mozilla, Opera oder Firefox. Es wird allerdings deutlich, dass "die hohe Wechselbereitschaft" der Internetnutzer die Marktanteile von OS-Browsern weiter steigern wird.

Bezüglich des Einsatzes von OSS gibt es zwischen den einzelnen EU-Ländern erhebliche Unterschiede. Besonders bemerkenswert findet das Institut, dass Unternehmen aus Polen, der Tschechischen Republik und Ungarn die Spitze bilden. Unter den alten EU-Mitgliedern weist Deutschland die meisten OSS-Benutzer auf. In anderen westeuropäischen Ländern will das Institut dagegen nur "eine nachgeordnete Rolle" bei Open-Source herausgefunden haben.

Abbildung 2: Nutzung von OS

In den einzelnen Industriezweigen ist der Krankenhaussektor führend beim Einsatz von OSS. Laut DIV nutzen fast 40% der befragten Unternehmen Open-Source-Software. In den traditionell mit Informations- und Kommunikationstechnologien erfahrenen Industriezweigen wie der Telekommunikation (35%), Unterhaltungselektronik (28%) und der IKT-Hardwareindustrie ist laut DIW die Nutzung von Open-Source geringer. Die hohen Einsatzraten von OSS im Krankenhaussektor erklärt das Institut durch die Kostenbelastungen innerhalb dieses Sektors. "Diese führen dazu, dass für proprietäre Software kaum Budgets vorhanden sind", so die Studie. Ein weiterer Grund für den Einsatz von OS-Lösungen im Krankenhaussektor sind die speziellen Produktmerkmale der OSS.

Entgegen der landläufigen Meinung sind Kostenbelastungen nicht der ausschlaggebende Faktor für die Verwendung von Open-Source. Laut DIW sind die höhere Stabilität und Sicherheit vielmehr die wichtigsten Kriterien bei den Entscheidungen für den Einsatz. (Deutsches institut für Wirtschaftsforschung, 2008)

4 Schlussfolgerungen

Es ist unbestritten, dass Softwareunterstützung im Projektmanagement primär einen besseren Ueberblick gewährleistet. Dies gilt ganz besonders auch für den Bereich der Kalkulationen und Terminplanung.

Eine ansprechende elektronische Präsentation erweckt beim Auftraggeber erfahrungsgemäss einen deutlich besseren Eindruck als eine Präsentation auf der Basis von Handnotizen.

Im Projektmanagement wird heute immer noch gerne auf Standartsoftware zurück gegriffen. Steht man aber vor der Wahl zwischen einem lizenzpflichtigem Produkt und einem frei zugänglichen Programm mit dem gleichen oder zumindest vergleichbarem Funktionsumfang, sollte der Einsatz von Open-Source-Produkten nicht ausgeschlossen werden.

Mit Open-Source lassen sich Projekte in der Regel ohne zusätzliche finanzielle Kosten und mit weniger Aufwand abwickeln.

Meistens sind diese Produkte so weit entwickelt, dass sie den käuflichen "Originalen" (lizenzpflichtigen Produkten) sehr ähnlich sind und dadurch für diese eine grosse Konkurenz darstellen.

Die meist gebrauchten Funktionen sind in diesen Programmen ebenfalls integriert.

Bezüglich Kompatibilität mit den Originalprodukten finden laufend Verbesserungen statt. Viele Produkte enthalten Import/Export-Funktionen. Gemäss meiner eigener Erfahrung tut man aber gut daran, diese vorab zu testen.

Open-Source gestattet auch Projektverantwortlichen mit wenig Erfahrung eine erfolgreiche Projektbearbeitung.

Ausserdem ermöglicht Open-Source auf einfache Weise, Projekte sowohl in der Planungs- als auch in der Realisierungsphase allen Beteiligten und Interessierten zeit- und inhaltsgleich offenzulegen.

Der Anwender muss sich bei der Nutzung einer Open-Source-Software über deren Funktionsumfang und über den Umgang mit allfälligen Störungen im Klaren sein.

Als Vorteil von Open-Source-Programmen gilt allgemein die Produkte- und Anbieterunabhängigkeit. Nachteilig wird oft deren ungewisse Weiterentwicklung genannt.

Open-Source-Software ist längst nicht mehr nur ein Produkt von und für Idealisten.

Trotz allem aber gilt: die Nutzung von Software im Projektmanagement garantiert alleine noch keinen erfolgreichen Projektabschluss. Auch dafür steht der Mensch - die Verantwortlichen und die Beteiligten - im Mittelpunkt.

Die eingangs aufgestellte These - ein transparentes, attraktives und zielorientiertes Projektmanagement, unter Anwendung elektronischer Unterstützungsmöglichkeiten auf der Basis von Open-Source-Software, erhöhe das allgemeine Verständnis, die Attraktivität, die Effizienz und die Umsetzungsgeschwindigkeit für neue Projekte insgesamt oder zumindest für einzelne Arbeitsschritte – lässt sich aufgrund dieser Erkenntnisse weitestgehend bestätigen.

5   Persönliche Erkenntnisse

Als zentrale Erkenntnis aus dieser Arbeit ergibt sich für mich, dass für praktisch jede anstehende Situation oder Arbeit im Internet eine frei verfügbare Software (Open-Source) gefunden werden kann. Wichtig ist dabei, dass man sein Vorhaben, seinen Auftrag genau kennt. Eine Software kann ein Projekt oder Produkt nicht besser machen, sie kann aber die Beteiligten innerhalb der Projektarbeit tatkräftig unterstützen. Dabei gilt nach wie vor, dass die Verantwortlichen sowohl die Theorie als auch die Praxis der angewandten Methoden oder Arbeiten kennen müssen. Nur unter diesen Gegebenheiten kann eine geeignete Software tatsächlich unterstützend wirken.

Es ist möglich, dass ein einzelnes Open-Source-Produkt allein nicht sämtliche anstehende Fragen und Probleme löst. In solchen Fällen - und möglicherweise auch beim Fehlen gewisser spezifischer Funktionen - empfiehlt sich der Einbezug weiterer Programme.

Es lohnt sich immer, nach Alternativen Ausschau zu halten.

"Wenn dein einziges Werkzeug ein Hammer ist, neigst du dazu, in jedem Problem einen Nagel zu sehen." [Abraham Maslow]

6 Literatur- und Quellenverzeichnis

6.1 Allgemeine Literaturhinweise zum Thema der Arbeit

Aktuelle Informationen und Neuigkeiten aus dem Bereich IT und Telekommunikation.
http://www.heise.de

Internetseite für die Open-Office-Suite.
http://de.openoffice.org

Open Source Software für E-Business,Plattformen,Desktop,Server,Unternehmen,KMU.
http://www.opensource4ebusiness.com

Opensource-DVD und Download von Opensource-Programmen.
http://www.opensource-dvd.de

offizielle Webseite vom Project Management Institute PMI.
http://www.pmi.org

Kostenlose Nachrichten, Web-Support und Foren rund um Linux, Open Source und freie Software.
http://www.pro-linux.de

6.2 Zitierte Literatur und Quellen

Deutsches institut für Wirtschaftsforschung; DIW Berlin, D-10117 Berlin (Mitte). (2008).
Abgerufen am 2. Mai 2008 von
http://www.div.de

Gallileo Computing, Galileo Press GmbH, D- 53227 Bonn. (2008). Abgerufen am 1. Mai 2008 von
http://www.galileocomputing.de/artikel/gp/artikelID-221

Informatik Forum, Informatik Forum Simon GmbH, D- 65307 Bad Schwalbach. (28. April 2008). Abgerufen am 5. Mai 2008 von
http://www.infforum.de/themen/projektmanagement/thema_PM_balkenplan.htm

Informatik Forum, Informatik Forum Simon GmbH, D- 65307 Bad Schwalbach. (2008). Abgerufen am 15. Mai 2008 von
http://www.infforum.de/themen/projektmanagement/thema_PM_projektstrukturplanung.htm

Krumbein, T. (2005). Open Source-Software einsetzen und integrieren. Galileo Computing, Galileo Press GmbH, D- 53227 Bonn.

Pro Linux, D-76744 Wörth am Rhein. (6. Oktober 2006). Abgerufen am 28. April 2008 von
http://www.pro-linux.de/news/2006/10311.html

Project Management Institute, I. (2004). *A Guide to the Project Management Body of Knowledge*. Four Campus Boulevard, Newtown Square, USA-19073-3299 Pennsylvania, http://www.pmi.org

Projekt Magazin. (2008). Projekt Magazin, Machtlfinger Str. 21, 81379 München, Abgerufen am 5. Mai 2008 von http://www.projektmagazin.de/glossar/gl-0050.html

Projektmanagement Handbuch, startup euregio Management GmbH, A-6890 Lustenau AUSTRIA. (2008). Abgerufen am 16. Mai 2008 von http://www.pm-handbuch.com/planungsphase.htm

Stallmann, R. WOS1, 7/1999 in: Grassmuck V. , *Freie Software Zwischen Privat- und Gemeineigentum*, Bundeszentrale für politische Bildung (bpb), Bonn (2004) Abgerufen am 12. April 2008 von http://freie-software.bpb.de/Grassmuck.pdf

Wikipedia die frei Enzyklopädie, Wikimedia Foundation Inc. USA-78350 San Francisco, CA 94107-8350 (2008). Abgerufen am 29. April 2008 von http://de.wikipedia.org/wiki/Methode_des_kritischen_Pfades

Wikipedia die frei Enzyklopädie, Wikimedia Foundation Inc. USA-78350 San Francisco, CA 94107-8350(2008). Abgerufen am 5. Mai 2008 von http://de.wikipedia.org/wiki/PERT

Wikipedia die frei Enzyklopädie, Wikimedia Foundation Inc. USA-78350 San Francisco, CA 94107-8350 (2008). Abgerufen am 15. Mai 2008 von http://de.wikipedia.org/wiki/Open_Source

Wikipedia die frei Enzyklopädie, Wikimedia Foundation Inc. USA-78350 San Francisco, CA 94107-8350 (2008). Abgerufen am 5. Mai 2008 von http://de.wikipedia.org/wiki/Netzplan

Wikipedia die frei Enzyklopädie, Wikimedia Foundation Inc. USA-78350 San Francisco, CA 94107-8350 (2008). Abgerufen am 5. Mai 2008 von http://de.wikipedia.org/wiki/Mindmap

Wikipedia die frei Enzyklopädie, Wikimedia Foundation Inc. USA-78350 San Francisco, CA 94107-8350 (2008). Abgerufen am 16. Mai 2008 von http://de.wikipedia.org/wiki/Lizenz

Wikipedia die frei Enzyklopädie, Wikimedia Foundation Inc. USA-78350 San Francisco, CA 94107-8350 (2008). Abgerufen am 1. Mai 2008 von http://de.wikipedia.org/wiki/GNU-Projekt

www.ingramcontent.com/pod-product-compliance
Lightning Source LLC
La Vergne TN
LVHW042125070326
832902LV00036B/1071

Dokument Nr. V112539
http://www.grin.com/
ISBN 978-3-640-12149-6